CARTOGRAFÍA DE NADIE

Un jurado compuesto por

Carmelo Guillén Acosta, Aurora Luque,
Julio Martínez Mesanza, Enrique García-Máiquez,
Eloy Sánchez Rosillo y *Amalia Bautista*

concedió a este libro
el PREMIO ADONÁIS 2024

JUAN HERRERO DIÉGUEZ

CARTOGRAFÍA
DE NADIE

ADONÁIS

696

EDICIONES RIALP

Madrid

Anzos, S. L. - Fuenlabrada (Madrid)

A mi padre,
rey de Ítaca.

A Carmen,
mi hogar.

Mi nombre es Nadie, y Nadie me llaman
Mi padre, mi madre y mis compañeros todos

ODISEA, IX 366-367

Soy nadie. ¿Y tú quién eres?
¿Eres nadie también?

EMILY DICKINSON

Pero ¿qué yo es el verdadero?, se pregunta la Odisea*,*
y ¿cuántos yos puede tener un hombre?

DANIEL MENDELSHON

POÉTICA

APRENDER a observar, no levantar la voz,
abrazar el encuentro
que sorprende en mitad de cada búsqueda.

Es de lo que se trata:
De aprender a moverse por quién sabe hacia dónde
y de llegar a quién sabe qué sitios;
no para ver lo bello del paisaje,
sino por ser maleza que florece
donde se pierde el rumbo, quizá diente
de león a la espera
de que un niño le sople los vilanos.

Hablar sobre los mapas desde los extravíos
y seguir en la ruta solo por el placer
que da salirse un rato del trayecto.

AUSENCIAS

El más difícil viaje se hace quieto

Jesús Montiel

TELEMAQUIA

La pelota que arrojé cuando jugaba en el parque
aún no ha tocado el suelo

DYLAN THOMAS

.

MI padre es una voz grabada en una cinta,
un conejo con una servilleta
y un dibujo con ceras Manley negras.
Mi padre es el olor a gasolina
de un R-19 gris oscuro,
es los cómics de Astérix después de que cenásemos,
luz encendida en el pasillo y churros
para desayunar los fines de semana.
Mi padre es una casa de alquiler
cuando el verano parecía largo.
Mi padre es el portátil, la colonia
de Álvarez Gómez y los libros puestos
en una torre sobre la impresora.
Mi padre es lo que veo cuando hablo de mi casa,
la pelota que no ha tocado el suelo
y el miedo que le tengo yo a la muerte.

QUIENES ESCRIBEN LA HISTORIA

Éste es el Nilo y yo soy una mentirosa.
Ambas cosas son ciertas.

ANNE CARSON

SI pudiera mirarme desde fuera,
ocultándome el rostro y liberada
del poder destructor de la belleza,
quizá lo entendería. Fui la cara
de perra en el envés de tanto daño,
un ídolo del odio hacia los otros.

Tú, que intuyes las luces de los puertos
sin luces entre el humo de los coches,
recuerda que jamás tuvo sentido
la dirección del viento, ni el viaje, ni el amor.

Y diles que yo nunca estuve allí,
que solo se abrazaron al deseo
de un rastro de ceniza en otra vida
y que gocé el olvido de lugares
bañados por las aguas del silencio.

Hoy solo quiero hundirme en su corriente
florecida de loto, deshaciéndome
suave como la espuma en que se borran
las huellas de un pasado que no existe.

Pero entretanto sigo masticando verdades
y oyendo al mundo arder. Fumando sola,
eternamente sola y en silencio;
con posos de café y con la ternura
manchando la cocina, mientras trato
de reescribir la historia
de una vida en las vidas de quienes no conozco.

CALIPSO EN UNA PLAYA DE ESPEJISMOS

LAS olas han borrado nuestros planes
de futuro, besando en el temblor
del aire el lienzo de tu piel cansada.

Nunca supe del todo bien qué fuiste,
más allá de un naufragio
de mentiras piadosas y mensajes en visto.

Ahora solo me pregunto cuándo
venció la fecha de nuestras plegarias,
cuándo se marchitaron las promesas
que nunca nos duraron lo bastante.

Nunca entendí tus miedos; yo que solo quería
detener la erosión del tiempo a cambio
de fiestas y de cines de verano, de desayunos juntos
que durasen por siempre. Pienso en ti.
Me quedo sin saber por qué. Me pierdo
                    con los ojos
                        tan llenos de palabras
en pausa, pero extraño tus sonidos
y busco sin saber qué es lo que busco.

Juego con los pedazos de los barcos
de papel esparcidos
al lado de este invierno de persianas bajadas
que dejaste siguiendo tu camino de vuelta.

NAUSÍCAA DESCUBRE AL TIEMPO
EL AMOR Y LA POESÍA

TE miro mientras duermes y te aparto
el pelo de la cara. No comprendo
los misterios que escondes más allá
del velo de tus párpados cerrados.
Te retiro la arena de la piel,
tratando de buscar alguna pista
con la que ordene el mapa de tu nombre.

Llegaste igual que llegan los veranos:
lleno de noches cortas que me saben
a sal y a fruta fresca en la terraza
de tu edad empapada de salitre.

No te estás dando cuenta, pero pienso,
mirándote dormir en mi regazo,
que en el fondo el amor no es otra cosa
que disfrazar de sueños las incógnitas
del otro, pues me pierdo en el intento
de seguir tus señales sin saber
nombrar lo que me pasa.
                            Ya lo has visto:

Me he resignado a no saber quién eres
ni qué se esconde bajo tus palabras,
palabras que reducen, que derrumban
las murallas de todas las ciudades,
palabras que refrescan como el agua
y como el agua escapan si las trato
de atrapar con las manos mientras duermes.

Me he resignado a no saber quién eres
y todo estará bien, porque es inútil
tratar de decir más cuando nombrarte
alcanza las preguntas que se ocultan
en las profundidades del asombro,
preguntas que serán jóvenes siempre;
aguardando respuestas que no llegan
mientras te quito el pelo de la cara.

ULISES ANTE EL REY DE LOS FEACIOS

RECUERDO que mi padre, de pequeño,
me subía en sus hombros para que viera el mundo
que los años entonces me negaban.

Otras veces jugábamos a ser
los héroes de los cuentos que contaba
para que me durmiera. En esas horas,
la alfombra del salón se convertía
en un perfecto campo de batalla.
Luchaba con espadas de juguete,
se tiraba en el suelo y me dejaba
que le ganase siempre:
en Coruscant, la Estrella de la Muerte
o esa playa de Troya en que plantamos
ilusiones de felpa
y migas de galleta en los peluches.

Igual que a él, te vi llegar y tuve
que mirar hacia arriba para verte;
sin saber del dolor que se ocultaba
detrás de tu silencio.
Llorabas como un niño al escuchar

canciones cuya letra no entendías,
pero hablaban de ti.

No debe avergonzarte,
                                        pues mi padre
se escondía también dentro del baño
para llorar cuando éramos pequeños.
Entonces me costaba comprenderlo,
pero es que nunca tuvo ningún talón de Aquiles
fuera de nuestra casa:
Pensaba que podría llevar todo
—el paro, las facturas, la hipoteca—
como un Atlas encima de su espalda.

Cuando le vi llorar, no me miraba;
me lo cargué en los hombros y nos fuimos
de aquel presente en llamas los dos juntos.
Mi padre, poderoso,
tan grande como un dios, como si nada
pudiese ni siquiera hacerle frente.

Jamás le vi tan fuerte como entonces:

Dejando que sus lágrimas borrasen
Los últimos confines de aquel mundo.

LOTOFAGIA

EN su cuarto no hay más que un par de camas,
un baño y una foto en la mesilla.
Las hijas le trajeron hace poco
la tele que pidió para evitar
la lluvia de la sala común de aquel asilo.
Está llena de viejos, nos decía.

Toma el bastón, se pone la chaqueta.
Te habrán dado algún dulce, ¿no te acuerdas?
le preguntan y empujan una silla
de ruedas hasta el coche por el pasillo lleno
de guirnaldas y estrellas navideñas.

Desde el asiento delantero mira
todo el iluminado de las calles.
*¿A dónde me lleváis? Debo volver a tiempo
de preparar la cena.*

Luego cruza la puerta y reconoce
vagamente el olor de la pularda.

Después del postre y del champán se queda
preguntando que dónde están las niñas,

que se quiere ir a casa,
que estarán preocupadas.

Y la niña le acerca la bandeja de dulces
y mastica una flor de caramelo.

Ya no recuerda que esta fue su casa,
pero sí que recuerda que es el sitio
adonde regresar una vez más.

EN EL OJO LA PUNTA ENCENDIDA

...ese Cíclope de ojo ciego
Excluido de la luz del sol.

Derek Walcott

LAS mentiras abrasan la verdad de los párpados
con la cadencia de una sinfonía.

No sé si lo habrás visto,
pero crepitan las palabras dentro
de unos ojos de si bemol menor.

Primero, la obertura de la yesca,
los insultos y el hambre, que se clavan
sobre la córnea de las semifusas;
después, el fuego de un *scherzo* rompe
tras la retina un grito de ambulancias
que rasga el velo de las avenidas.

Al final de los cuatro movimientos,
no se ve nada más que los rescoldos

de corcheas lanzadas como piedras
contra los interludios de pestañas quemadas

y entre las bambalinas nunca queda
nada más que una coda de pavesas
perdiéndose en el iris de los nombres.

DOBLES DE ACCIÓN

EN la película de Camerini
sobre Ulises, Kirk Douglas no distingue
a Circe y a Penélope.
Y no nos engañemos,
nada tiene que ver con que a las dos mujeres
nos haya interpretado
la misma actriz durante aquel rodaje.

Nada que ver con eso: La película
solamente es el truco que utilizo
con la finalidad de hacer visible
que Penélope y yo
no somos tan distintas en el fondo.

Yo soy el bosque oculto en la neblina;
ella, las nubes que le ciegan
la voz a las gaviotas.
Y es que, al final del cuento, ella se queda
con lo que el mar olvida
y yo trato de hacer que olvide el mar.
Pero las dos lavamos las palabras;
cocemos las mentiras con las flores
y tamizamos todas las excusas.

En esa cinta sobre Ulises nunca
se contaba que el mérito fue mío y que la magia
consiste en destejer todos los hilos
para esquivar las luces de los faros.

VOCACIÓN DE FRACASO

*porque no hay nada más seductor, más terrible,
que la historia de nuestra propia vida*

MARY RUEFLE

EN la mitología, los cantos de sirena
son las palabras agradables, dulces,
que estrellan los navíos en la noche.

¿Pero puede cantar lo que no existe?

Puede que las sirenas signifiquen
otras cosas. Quizás ahí esté la clave.
Puede que las sirenas, con sus voces,
nos alejen de aquello que una vez
creímos construir con nuestras manos,
igual que los castillos y los nombres
que dibujábamos sobre la arena.

Pero no tiran hacia abajo siempre:
Las sirenas también llevan corbata,

reparten sus tarjetas personales
y se anuncian radiantes en su LinkedIn.

Puede que las sirenas nos obliguen
a hipotecar la vida, los amigos, las tardes
libres, los libros sobre la mesilla
y —en los peores casos— el *yo de mayor quiero*.

Quizá dejar de ser esos que fuimos
sea peor que hundirse en las llanuras
abisales de cada fin de mes.

En la mitología las sirenas
cantan lo que quisiéramos oír,

pero el secreto está en no hacerles caso.

EL OTRO LADO

Muchos hombres se deshacen,
pero pocos hombres mueren

MARGUERITE YOURCENAR

La niebla, aún más cerrada,
exigía partir. Yo tenía los ojos velados por las lágrimas.

FRANCISCO BRINES

Obra viva o carena: es la parte sumergida del casco.
Obra muerta: parte del casco que emerge del agua.
Sabía de la vida
quien así bautizó las mitades del barco.

AURORA LUQUE

ORFEO EN EL ELÍSEO

ME acuerdo de jugar descalzos muchas veces,
¿lo recuerdas? Bailábamos
en las losetas viejas del garaje
la canción del verano, la que fuera.

También me acuerdo del olor a limpio
de los ambientadores de los coches
y del barniz y el cloro y de los globos de agua
y de las cenas juntos en la mesa del patio.

Me acuerdo de hasta cómo ibas vestida
cuando por fin me decidí a pedirte
que salieras conmigo, tanto tiempo después,
pero no soy capaz de recordar
cuál era el tono exacto de tu voz,
ni cuál era tu olor cuando te levantabas.

He oído en estos años cómo crecen
ortigas por las jambas de las puertas:

Por eso fui a buscarte al inframundo.

MEDITACIÓN EN EL UMBRAL

COMO quien va tirando de un hilo sin saber
a dónde le conduce,
te has quedado a mirar los negativos
del día que bajasteis unos cuantos
a bañaros al río sin permiso.

Los padres no querían que salierais
a explorar los caminos, pero claro:
el peligro, los límites.

Circulaban entonces las leyendas
de niños que jamás
volvieron al calor de sus hogares,
pero nadie sabía de quién eran,
ni cuál era su calle y os decían
que era imposible ver desde la presa
la negrura del fondo.

La oscuridad enseña a no burlarse
de lo desconocido, pero ¿cuál
sería el precio entonces? ¿Qué darías
a cambio de saber lo que hay debajo?

TIRESIAS TRAS STONEWALL INN

Por la mañana abandono mi sexo.
Al atardecer vuelvo
cuando me desnudo para entrar en la ducha.

ÁNGELO NESTORE

LLEGASTE y te esperaba pensando en los racimos
turquesa de tu voz abriéndome las ganas,
frotándome los hombros en la ducha,
recordando
           los ávidos portales, los mensajes sin nombre,
           las iluminaciones que ciegan los enigmas
           resueltos con carmín en los espejos.

Me preguntas que cuál es el misterio
y abres mucho los ojos
                recorriendo
                    mi espalda con tus labios
vivos de interrogantes
:

Yo soy el que disfruta
del murmullo
          del agua sobre el torso de algún amor en ruinas,
también la que recibe la lluvia con los brazos
abiertos como campos de amapolas.

Depende del cristal con que se mire.

FLORES EN LA CUNETA

Te digo adiós y aprieto, al fin, Borrar

BEN CLARK

LLEVABA un tiempo ya sin saber nada
sobre ti por las redes
cuando leí tu nombre en una esquela.

No puedo resistirme a preguntarte
cómo te va, qué hacías con tu vida,
si por fin terminaste la carrera,
con ese afán tan tuyo de vivir
siempre deprisa, siempre
quemando rueda en todos los peajes.

Siempre recordaré de ti las bromas,
las quedadas los viernes por la noche,
la tarde en aquel pueblo con las motos
unos años después, que fue la última
vez que estuvimos juntos.

Nos pusimos al día
y hablamos de volver a vernos pronto.

Siempre te deberé esa Coronita
con algo de tequila
y un trozo de limón en la botella.

MAMÁ FRENTE AL TELEVISOR

REGRESO a aquel lugar donde agarrabas un dedo
     [de mi mano
para emprender el viaje a nuestros miedos,
siguiendo tus primeros pasos al dormitorio
dentro de un laberinto de discos y Scalextrics.

He caminado a tientas a través del pasillo
donde aprendiste el nombre de las cosas,
allí donde entendí las humedades
que horadan el final del argumento:
el olor a nostalgia de tu cuarto vacío,
los terrores nocturnos,
la fiebre, las anginas y los golpes
que te daban los niños del colegio,
los fármacos, los viajes de trabajo,
el conducir de noche
y el nudo en la garganta cada vez que no llegas.

Aguardo las señales que te traigan de vuelta
mientras me voy hundiendo entre las fotos
de otro tiempo, tus libros,
los calendarios viejos y tu ropa planchada.

Te busco boca abajo entre las aguas de las tardes desiertas
y espero tu llegada mientras miro programas que aborrezco.

En medio de un silencio de ceniceros llenos,
la claridad espera su momento
para clavarme el tiempo en el costado.

Llévate algo de abrigo, llámame cuando llegues;
que si el invierno viene cuando hay que despedirse,
la memoria es camino de ida y vuelta
por brasas encendidas.

VOSOTROS AHÍ

¿Por qué mojas de lágrimas
tus ojos en silencio?

EURÍPIDES

LA sal adormece cantando el rumor de la herida en
el cuerpo que asalta el silencio y la sed de venganza;
con sangre manchando de helado las puertas de casa,
con besos que tiñen de culpa muñecas de trapo, vestidos
de misa el domingo y caballos de feria.
Se escucha una risa volando, trotando al galope,
diciendo: *Perdónalos, padre.* Diciendo:
La ropa se lava y la culpa se extiende.
Se escucha cerrando una risa al salir a la calle,
diciendo por dentro la puerta, callando las voces
que arrullan la sal en heridas abiertas.
¿Y cómo decir la ceniza cosida a la culpa?
¿Y cómo tejer en el tiempo el dolor con los ojos?

Aguardan al filo de casa la risa,
las manchas de helado, cenizas, caballos,

juguetes, cadáveres, besos de sal en la herida
diciendo lo mismo que dicen
las manchas de culpa en los ojos del tiempo.

CUANTO HE TOMADO POR VICTORIA

sabiendo que jamás me he equivocado en nada,
Sino en las cosas que yo más quería.

LUIS ROSALES

SI yo pudiera hablarte, amigo mío,
solos y sin que nada nos distraiga;
te diría
      que estaba en un error.
Yo, que apuré la vida a grandes tragos.
Dime si no es irónico,
mon semblable, mon frère,
que estemos frente a frente conversando con esta
    [extraña niebla
de muertos abigarrada en los dedos.

Equivoqué el camino, decía, pues de nada
me sirven ya los cantos de sirena;
        y el pasado en la punta de la lengua
tiene el regusto al hierro de una llave que nada puede abrir

porque de nada sirven los recuerdos del vino y de las rosas
a quienes ya no están entre los vivos.

Dime si no es irónico:
yo, que bebí del río equivocado,
que agradezco el silencio, tan clemente,
que vuelvo sobre el paso de las noches
    mientras arrastro sombras,
dime ¿Cómo
       ver otra vez el sol de un nuevo invierno? ¿Cómo?
¿Y la arena caliente?
¿Y la hierba mojada?

Me equivoqué de ruta
muchas veces y en lo que más quería
—el poeta lo dijo—;
             pero a ti,
cuando vuelvas a casa no te pese
disfrutar de algún alto en el camino:
detente cuando creas que has de hacerlo. De nada
te valdrán los atajos si la muerte se decide a seguirte.

Mientras duren los viajes,
emprende nuevas aventuras, siempre
manteniéndote fuera
del alcance de Escila y de Caribdis,
de cíclopes, lestrígones y todo
lo que te ponga en riesgo.

Y si ves que me voy desvaneciendo
por un prado de asfódelos abiertos,
recuerda que la vida es un regalo;
aunque su barro es frágil y el camino
más corto es el que suele
llevarnos a un ocaso más temprano
de anhelos arrastrados por la brisa.

Y COMO EL VIENTO SE LLEVA AL HUMO

LANZAS migas de pan entre la bruma
buscando algún camino de regreso
nos siguen
              los ladridos y el azote
de un cierzo que adormece los lenguajes

el mar se ha convertido en una fosa
de ilusiones anónimas que dejan
en su lugar un ramo de noticias
y una espuma de orquídeas sobre el agua

qué dulces son las lágrimas vertidas
    [tras los acantilados de la suerte
qué poca gratitud pasa lamiendo las llagas a la costa
y acariciando el vello
que se eriza en las rocas de lo que no será

las voces de los niños se aproximan
a la quilla del frío con palabras
cariadas de petróleo y crisantemos
pero el miedo no existe
porque hace ya algún tiempo que te abrasas

con la primera luz de cada nuevo
día como la nieve
se funde en el precinto de las horas
ahogadas que se queman en las manos

EL REGRESO

Cada uno es un puerto que desearíamos alcanzar una vez más
antes de morir

JOHN ASHBERY

Recordamos los días del vino compartido,
las palabras, no el eco;
las manos, no el diluido gesto.

FRANCISCA AGUIRRE

Ya te esperaba. Pasa.
Vamos al fondo. Hay algunos frutales.
Ya verás. Entra.

CIRCE MAIA

ATENCION: LINEA DISCONTINUA
SOLO INDICA EJE CARRETERA
(una señal de tráfico bastante común
en los puertos de montaña)

FIELDS. Smell of the tall grass, new cut

      Estoy leyendo un texto de Louise Glück
      que trata de un regreso. Me imagino
    a alguien que vuelve a casa dando vueltas
        por un camino que antes conocía
y piensa que las calles están hechas de tiempo.

As one expects of a lyric poet

Louise Glück desde el jardín ve llegar al viajero.

El viajero sonríe porque sabe
que el camino de vuelta deberá hacerlo solo
y que la carretera
se vuelve más estrecha en ese tramo.

We look at the world once, in childhood

y Glück se acuerda ahora de Cavafis:
Cuando emprendas el viaje de regreso
«pide que tu camino sea largo».

El viajero sonríe porque piensa
que al mirar hacia atrás
se disuelve en la vida que no tuvo
y guarda las razones debajo de la lengua.

The rest is memory.

VERANO 1993

Al posarse sobre mí la mano de la duración
se cierra la herida
de la que por primera vez soy consciente

PETER HANDKE

VUELVES a casa caminando por las hogueras
en que quemabas los cuadernos del instituto.

Respiras fuerte las cenizas
de los rastrojos
y permaneces en las luces de las verbenas
y los encierros. Te detienes
donde te duelen las rodillas con mercromina,
donde contabas las historias de cuando fuimos
los capitanes
que conquistaban palmo a palmo
todas las tardes del verano.

Vuelves a casa
como el azufre que recubre la plata sucia.

Saltas las vallas y acaricias unas retamas
que crecen fuera del camino del primer beso,
donde el Ducados, las cervezas y las revistas
en que salían
chicas desnudas con los pechos descoloridos.
Donde dejamos oxidarse las bicicletas
para que el tiempo no pudiera
contarse nunca con los dedos;
como se cuentan los acentos de los poemas
cuando no queda más agosto,
pero lo intentas.

Vuelves a casa con los puños
llenos de arena,
el tacto lleno de canciones
y te conviertes en estatua
de sal manchada de septiembre.

ARGOS

ME esperas en el porche igual que siempre,
como si el tiempo solo acariciase
tu pelo y no llegara a envejecernos.
Oigo tus movimientos tras la puerta
y sé que no imaginas
que mis años no crecen con tus años.

Quizá por eso sea ahora más fácil
decir adiós mirándote a los ojos,
esos ojos que siempre me han mirado
sin saber de interés ni de dobleces.

Nunca nos ha hecho falta
la palabra;
                    no hay códigos, ni existe
necesidad de signos arbitrarios
para decirnos todo.
A nosotros nos sirve la rutina:
pasear en silencio, jugar a la pelota,
cavar un hoyo en medio de la playa
o buscar el calor en un idioma
que solo existe cuando me recibes.

Me basta la bondad como gramática.
Tú me lo has enseñado.

Déjame que te pida una vez más
que sigamos el rastro hacia el principio.
Sé que al dejar los días una puerta entreabierta
después de despedirnos
puede que el mundo sea poco más
que una escala de grises.

CAPITAL DE PROVINCIAS

A veces vuelvo a la ciudad dormida.
A veces ando solo por las calles
silenciosas y mustias, como un manto empedrado
sosteniendo el presente sobre el frío y la niebla.

La sal deshace el hielo de los años de billares y clases.
Y noto que se marchan los amigos de siempre.
Y noto que no somos los que fuimos un día, que no somos
la facultad en fiestas, que no somos los pisos de estudiantes,
que no somos un grito de alegría
pintado en la pared de los servicios.

A veces vuelvo y siento las pisadas
sobre las copas rotas.
A veces vuelvo a casa de mis padres.

Me conformo con poco:
llenar de nuevo de jabón las fuentes
y abolir la tristeza de los libros de viejo.
No pido tanto:
brillar de noche por los bancos del parque
o bailar lento con los pies congelados.

No vuelvo para darle pábulo a la nostalgia,
ni a su voz pegajosa de pastas y de vino
después de la penumbra de los bares,
cuando duerme la luz de las farolas.

No vuelvo para ver carteles de se alquila
por los escaparates del mercado,
ni en los pisos vacíos que vigilan las plazas
ateridas de pena.

Por eso el viernes quema en los relojes
como quema un domingo por la tarde
y llora en las agendas como un niño perdido,
devolviendo las horas igual que el oleaje.

Me adentro en los rincones de los años,
en el humo y el óxido,
y encuentro a las cigüeñas en la torre
y encuentro una ciudad que no es la misma.

Quedan varios locales en el casco,
un equipo que escapa de segunda,
queda gente mayor de piedra franca,
queda el *ya nos veremos*, las tapas, las promesas.

Yo camino tranquilo, recorriendo las calles
con las manos muy frías.
Miro hacia atrás, todo sigue en su sitio:
La biblioteca, el río, las iglesias
siguen estando donde estaban antes.
Solo cambian los ojos que las miran
y la niebla, que baja más temprano.

CICATRICES

Cada herida que cierras abre otras dos.

MAYTE GÓMEZ MOLINA

FUE con unos tres años, más o menos,
cuando te hiciste el corte en la mejilla
jugando a la pelota con tus primos.
                                    Con cinco,
la varicela te dejó sus marcas
en el pecho y la frente,
igual que la ceniza en la cuaresma.
Con nueve, te mordió en el brazo el perro
de un compañero tuyo; y a los quince,
fue cuando aquella niña te rompió el corazón:

Ahí te diste cuenta de que existen
muchos tipos de heridas diferentes.

Y desde entonces, no hay por qué negarlo,
has tenido episodios

que de una forma u otra han hecho mella:
discutir con tus padres, las caídas,
los esguinces, las broncas al teléfono
y las rupturas, las oposiciones,
los amigos que tú
pensabas que jamás te fallarían.

Así es como la infancia se despide
y —en lugar del balón
y la merienda de después de clase—
deja un mapa trazado de rasguños
en braille por la piel y la memoria.

Te reconoces por tus cicatrices.
Sobre todo, por esas que no se pueden ver.

PENÉLOPE Y CELESTE

SUPONTE que después de tantos años
podamos dar por fin con el momento
de sentarnos a hablar sobre nosotros.
Ya sé que te incomoda
tener conversaciones de este tipo
y que hasta ahora hemos vivido siempre
sin la necesidad de llegar a entendernos.
Piénsalo, por lo menos:
No has visto ni siquiera el corazón
—hipócrita sudario de ilusiones—
que destejí durante tantas noches
en tu ausencia,
que no es un corazón
infiel, ni mucho menos, pero puede
que sí te haya ocultado alguna cosa.

Ya viste que jamás me apresuré
para buscarte entre los pretendientes
a ningún sustituto,
pese a tener la casa florecida
de otros cuerpos más jóvenes que el tuyo.
No, me he pasado los mejores años

de mi vida esperando a que volvieses
a la cama de amor que construiste,
esa que no se queda fría cuando te marchas
y yo no lo sabía:
En los meses después de que te fueras,
siempre que imaginaba tu regreso
pensaba que al entrar desnuda al templo
de la cicuta de tus brazos dóricos
iba a sentir de nuevo
aquel deslumbramiento del principio.

Luego llegó la soledad a hacerme
compañía las tardes
en las que me inventaba alguna excusa
con que ganar un día para mí.
Y en vez de amar a cuatrocientos cuerpos
distintos, he elegido
abrazar el calor de una mentira
bien trabajada a cambio del placer
de dedicarme tiempo.

Duele, pero me alegro de haberme dado cuenta
de que, si miro atrás, en los recuerdos
más felices jamás estabas tú.
Lo hemos pasado bien, es cierto, y me conmueve
recordar, por ejemplo, la carrera
que les ganaste para impresionarme
—haciendo trampas, claro—
a jóvenes venidos de muy lejos
para pedir mi mano.

Cómo no, me conmueve recordar
la cama que tallaste en las raíces
de aquel árbol, o cómo sonreías
cuando te remangabas para tensar el arco.
Pero en lo más profundo
de mi memoria he estado siempre sola,
fabulando las vidas que podría
haber vivido si tú no existieses:
Los fines de semana en furgoneta,
las aventuras de cada verano,
frecuentando a la gente que quisiera
sin tener que rendir cuentas a nadie,
dormir en un hotel de carretera
y haber podido hacer todos los viajes
que has hecho tú sin mí.
A cambio, solo tengo mi pasado
como una imagen rota
y un hijo a punto de salir de casa
y el dolor lánguido de ser los dos.

Aunque de nada sirve arrepentirse
y sé que nadie me traerá de vuelta
todos los años que perdí esperando
sin saber muy bien qué,
me he dado cuenta de algo muy importante:
Yo soy mi verdadero amor. Y pienso
que así tiene que ser.

Mi juventud, la tuya, me sonríe
cada vez que al mirar por la ventana

se ilumina la cara de algún niño
que ha mentido a sus padres
para librarse del castigo, justo
después de hacer alguna travesura.
Me pone tierna, me recuerda a ti
cuando nos conocimos.

Te propongo este trato, piénsalo por lo menos:
Puedes quedarte en casa los años que nos queden
y engañarlos a todos,
igual que tantos otros matrimonios.
A estas alturas ya no quiero amantes
y sé que tú también
tendrás que convivir con tus fantasmas.
Prometo que no haré nunca preguntas,
pero dicen aquellos que mejor te conocen
—y me basta sentir una mirada
para corroborarlo—
que para ti la vuelta a casa ha sido
como estar muerto en vida de repente.

Y cuando al fin estemos con la piel arrugada,
recordaremos el engaño urdido
sobre el tapiz del tiempo y sus historias.
Mentir será nuestra última aventura:
Estaremos tranquilos,
sin belleza, sin fuerza, sin deseo,
cada cual con su vida
y dirán que hemos muerto los dos juntos
después de amarnos mucho.

NOTAS

Además de las citas con las que he abierto las partes en las que se divide el libro y las que preceden a algunos de los poemas, de manera velada he introducido otras que es necesario mencionar ahora. De este modo, uno de los versos finales de «Telemaquia» se inspira en el título del libro *Si hablo de mi casa*, de Miguel Foronda. Asimismo, «Nausícaa descubre al tiempo el amor y la poesía» contiene una cita casi literal de Idea Vilariño. Por su parte, el título «En el ojo la punta encendida» es una cita de la edición de la *Odisea* (verso 387 del Canto IX) de la editorial Gredos, traducida por José Manuel Pabón. «Flores en la cuneta» toma el título del poemario de Alejandro Céspedes así llamado. «Vosotros ahí» son las primeras palabras pronunciadas por María Hervás en *Iphigenia en Vallecas*, su adaptación de la obra de Gary Owen *Iphigenia in Splott*. «Cuanto he tomado por victoria» es el verso inicial del poema «Fracaso» de Rafael Cadenas. «Y como el viento se lleva al humo» pertenece a la traducción de José Luis Calvo

Martínez de *Las troyanas* de Eurípides, también publicada en Gredos. Los versos en cursiva de Louise Glück están sacados del poema «Nostos», publicado en su libro *Meadowlands*, mientras que la traducción de Cavafis entrecomillada en el mismo texto es de José María Álvarez. Finalmente, el título «Verano 1993» está tomado de la película homónima de Carla Simón. Por supuesto, «Penélope y celeste» está plagado de guiños a Jaime Gil de Biedma —he dejado en cursiva uno de sus versos a modo de homenaje—, pero también a otros poetas a los que admiro, como es el caso de Blanca Andreu o Luis García Montero.

ÍNDICE

EL REGRESO

ADONÁIS
COLECCIÓN DE POESÍA

Director: CARMELO GUILLÉN ACOSTA

ÚLTIMOS VOLÚMENES PUBLICADOS:

670.–Joaquín Antonio Peñalosa: TODAVÍA HAY PRIMAVERA. TODAVÍA (Antología poética). Selección y prólogo de Fernando Arredondo.

671.–Enrique García-Máiquez: MAL QUE BIEN.

672.–María Elena Higueruelo: LOS DÍAS ETERNOS. (Premio «Adonáis» 2019).

673.–Diego Medina Poveda: TODO CUANTO ES VERDAD. (Accésit del Premio «Adonáis» 2019).

674.–Felicitas Casillo: EL CONTORNO DEL ROBLE (Accésit del Premio «Adonáis» 2019).

675.–Carlos Javier Morales: EL CORAZÓN Y EL MAR.

676.–Diego Roel: ANDRÉI RUBLIOV (Premio «Alegría» 2020).

677.–Daniel Cotta: ALUMBRAMIENTO.

678.–Abraham Guerrero Tenorio: TODA LA VIOLENCIA (Premio «Adonáis» 2020).

679.–Marta Jiménez Serrano: LA EDAD LIGERA (Accésit del Premio «Adonáis» 2020).

680.–Rodrigo Olay: VIEJA ESCUELA (Accésit del Premio «Adonáis» 2020).

681.–Ignacio Pérez Cerón: MÁRGENES DE ERROR (Accésit del Premio «Adonáis» 2020).

682.–José Manuel Gutiérrez: PAISAJES DE LA ALEGRÍA.

683.–José María Higuera: PROYECTO DE INTERIORISMO (Premio «Alegría» 2021).

684.–Nuria Ortega Riba: LAS INFANCIAS SONORAS (Premio «Adonáis» 2021).

685.–Andrés María García Cuevas: LAS CIUDADES (Accésit del Premio «Adonáis» 2021).

686.–Félix Moyano: LA DEUDA PROMETIDA (Accésit del Premio «Adonáis» 2021).

687.–Fernando García Moggia: CUÍDATE DEL AGUA MANSA (Premio Alegría 2022).

688.–Luis Escavy: VICTORIA MENOR (Premio «Adonáis» 2022).

689.–Irene Domínguez: PUREZA (Accésit del Premio «Adonáis» 2022).

690.–Lola Tórtola: LOS DIOSES DESTRUIDOS (Accésit del Premio «Adonáis» 2022).

691.–Rubén Martín Díaz: LÍRICA INDUSTRIAL (Premio Alegría 2023).

692.–María Paz Otero: LOS ATORMENTADOS. (Premio «Adonáis» 2023).

693.–Antonio Díaz Mola: EL AIRE DIVIDIDO (Accésit del Premio «Adonáis» 2023).

694.–Elisa Fernández Guzmán: DESPUÉS DEL POP (Accésit del Premio «Adonáis» 2023).

695.–Pedro Flores: NUESTRO NOMBRE ES PIEDRA (Premio «Alegría» 2024).

696.–Juan Herrero Diéguez: CARTOGRAFÍA DE NADIE (Premio «Adonáis» 2024).

Las obras que han obtenido el Premio «Adonáis» aparecen numeradas en negrita.

ESTA PRIMERA EDICIÓN DE
«CARTOGRAFÍA DE NADIE»,
DE JUAN HERRERO DIÉGUEZ,
VOLUMEN 696 DE LA COLECCIÓN «ADONÁIS»,
PUBLICADA POR EDICIONES RIALP, S.A.,
MANUEL URIBE 13-15, MADRID,
SE ACABÓ DE IMPRIMIR EN LOS TALLERES
DE GRÁFICAS ANZOS, S.L.,
FUENLABRADA (MADRID),
EL DÍA 29 DE ENERO DE 2025.